São Sebastião

SANTOS POPULARES DO BRASIL

São Sebastião

Protetor contra guerras e epidemias

Copyright © Casa de Textos Sto. Antônio 2003

Concepção editorial MARCELO MACCA

Capa e projeto gráfico ANDRÉA VILELA DE ALMEIDA

Pesquisa e edição de imagens MARCELO MACCA e ANDRÉA VILELA DE ALMEIDA

Imagem de capa © INÉS ZARAGOZA

Foto de capa © EDUARDO BORGES / SOUK

Foto de quarta-capa © IZAN PETTERLE

Preparação ALÍCIA SILVEIRA

Revisão ADRIANA CRISTINA BAIRRADA

DADOS INTERNACIONAIS DE CATALOGAÇÃO NA PUBLICAÇÃO (CIP)
(CÂMARA BRASILEIRA DO LIVRO, SP, BRASIL)

São Sebastião : protetor contra as guerras e epidemias / pesquisa e
edição de imagens Marcelo Macca, Andréa Vilela de Almeida. —
São Paulo: Editora Planeta do Brasil, 2003. — (Santos populares
do Brasil)

Bibliografia
ISBN 85-89885-07-0

1. Santos Cristãos – Biografia 2. Sebastião, Santo, século III
I. Macca, Marcelo. II. Almeida, Andréa Vilela de. III. Série.

03-5827   CDD-282.092

ÍNDICES PARA CATÁLOGO SISTEMÁTICO:
1. Santos: Igreja Católica: Biografia e obra   282.092

2003
Todos os direitos desta edição reservados à
EDITORA PLANETA DO BRASIL
Al. Ministro Rocha Azevedo 346, 8º andar
01410-000 – São Paulo – SP

*Os santos foram homens que alguma vez acordaram
e andaram os desertos de gelo.*

Guimarães Rosa

Sumário

Legenda 9

Perfil 15

Vida 16

Devoção 21

Festa 26

Oração 33

Sincretismo 36

Poemas 37

Glossário 39

Créditos 41

Para saber mais 43

Agradecimentos 45

Legenda

soldado estava nu. Roupas e pertences espalhavam-se pelo chão: um manto purpúreo, um elmo, sandálias, um saiote, insígnias de prata e uma faca de punho de osso. Amarraram-lhe os braços atrás da cabeça, junto ao tronco de uma árvore. Afastaram-se. Eram nove arqueiros escuros e altos, com arcos que os superavam em altura. As aljavas às suas costas levavam setas de afiadas pontas de ferro.

Colocaram-se em posição. Esticaram os arcos. A primeira seta zuniu no ar e foi enterrar-se no corpo do soldado. Outras vieram, certeiras. Mas Sebastião não emitia uma única palavra. Mantinha os olhos fechados. E, a cada estocada, tremiam-lhe de leve as pálpebras.

Então houve um silêncio. Entre dor e dor, o soldado apurou os ouvidos à espera do zunido cortante. Abriu os olhos. Viu os arqueiros a distância, os arcos distendidos, atentos, espiando-o com curiosidade. Eles também esperavam. Um gemido de dor. Qualquer sinal de medo. Mas Sebastião apenas sorriu.

Desconcertados, os nove arqueiros baixaram seus arcos. Murmuraram entre si palavras de temor, guardaram as setas e partiram, deixando-o preso à arvore.

Depois que eles se afastaram, uma mulher dirigiu-se ao soldado. Era Irene, a viúva do mártir Castulo. Sebastião, crivado de setas, pareceu-lhe um grande porco-espinho. E perguntou a si mesma se não era por isso que ele se chamava Sebastião, que quer dizer "rodeado". Ele vivera rodeado de mártires a quem reconfortava, e agora estava rodeado de setas. O soldado Sebastião era inteiro uma coroa de espinhos.

Irene o levou para casa, com a ajuda dos filhos. Colocou emplastros de ervas sobre suas feridas. Deu-lhe de comer e beber.

— Tu és autêntico e corajoso — sussurrava-lhe ao ouvido enquanto ele dormia.

Dias depois, quando entrava em casa carregando uma pesada moringa com água, Irene viu a cama vazia. Compreendeu imediatamente. Era 20 de janeiro, dia da festa de consagração da divindade do imperador.

Havia música nas ruas, bandeiras tremulavam entre os cortejos das legiões. Toda a cidade estava reunida no templo de Hércules.

Quando Sebastião apareceu diante do povo no altar do templo, o imperador ficou lívido, como se tivesse visto um fantasma.

— O Senhor restituiu-me a vida para que eu pudesse vir acusá-lo dos sofrimentos que infliges aos cristãos — falou Sebastião, para que todos ouvissem.

Os guardas, passado o temor supersticioso, logo caíram sobre ele, cobrindo-o de golpes de bastão. O imperador ordenou então que o corpo fosse jogado num riacho fétido que cortava a cidade. Assim foi feito.

Porém naquela noite, um perfume doce e fresco, de lírios e jasmins, espalhou uma estranha felicidade pelos casebres miseráveis erguidos ao longo dos esgotos de Roma.

Perfil

São Sebastião

Mártir. Assassinado no ano 288, em Roma.

Festa
20 de janeiro (Ocidente); 8 de dezembro (Oriente)

Padroeiro
São Sebastião protege contra a fome, as guerras, as doenças contagiosas e as epidemias. É padroeiro dos atletas, presidiários, soldados e gays, assim como da cidade de São Sebastião do Rio de Janeiro.

Flechas
São Sebastião tornou-se o protetor contra as doenças contagiosas durante a Idade Média. Esta associação veio provavelmente da antiga crença de que as epidemias eram causadas por flechas disparadas por uma divindade.

Suplício
A representação clássica de São Sebastião é o suplício das flechas, a que ele sobreviveu. O santo foi morto com golpes de bastão pelos soldados do imperador romano.

Vida

Segundo os antigos martirológios, são Sebastião nasceu por volta do ano 250 em Narbona, cidade do Império Romano que naquele tempo pertencia à província da Gália (hoje sul da França). Logo depois sua família mudou-se para Milão, onde seu pai faleceu. Foi criado pela mãe, que praticava a fé cristã, apesar das constantes perseguições da época.

Ao atingir a maioridade, Sebastião tornou-se soldado. Foi a Roma, onde se destacou entre as tropas, tornando-se chefe da primeira corte da legião de infantaria. Era admirado e querido pelos co-imperadores Diocleciano e Maximiano.

Mas, sob a couraça e as insígnias de soldado, vivia uma identidade secreta — a de cristão amoroso, segundo os princípios de sua fé. Usava o traje militar com a única intenção de fortalecer o coração dos cristãos, amedrontados com as perseguições.

Secretamente, costumava visitar os cárceres, onde havia muitos condenados ao martírio, para falar com eles e confortá-los. Numa dessas ocasiões, foi ouvido por Zoé, mulher do carcereiro Nicostrato, que era muda. Ela se aproximou dele e, através de gestos, pediu-lhe perdão pelos maus-tratos que eram dispensados aos prisioneiros. Sebastião, fechando os olhos, respondeu-lhe numa invocação:

— Se esta mulher acredita em tudo o que ouviu de mim, que seus lábios e sua língua sejam livres.

Ao ouvi-lo, Zoé começou a falar:

—Vi um anjo segurando diante de ti um livro onde estava escrito tudo o que falavas.

Porém, as perseguições estavam se tornando cada vez mais ferozes e sangrentas. Algum tempo depois, Zoé foi presa enquanto rezava no túmulo dos apóstolos Pedro e Paulo. Foi queimada, e suas cinzas, jogadas no rio Tibre. Sebastião foi descoberto e denunciado.

O soldado apresentou-se a Diocleciano, diante de quem corajosamente confirmou as acusações. O imperador convocou os arqueiros da Mauritânia, os melhores do império, ordenando-lhes que amarrassem o traidor a uma árvore e o crivassem de flechas, sem atingir seus órgãos vitais, para que morresse lentamente.

Assim foi feito, mas Sebastião sobreviveu ao suplício. Deixado como morto, foi resgatado e tratado pela

viúva de um mártir, Irene. Restabelecido, quis encontrar-se mais uma vez com Diocleciano. No dia 20 de janeiro, festa consagrada à divindade do imperador, Sebastião apareceu diante dele, no templo de Hércules, e o acusou de crueldade brutal contra os cristãos. Enfurecido, Diocleciano ordenou que fosse morto ali mesmo. Os soldados o cobriram de golpes de bastão e jogaram seu corpo na *cloaca maxima*, o principal esgoto da cidade. Sebastião tinha 38 anos. Os cristãos o resgataram, sepultando-o na catacumba que ganhou seu nome.

Devoção

O culto a são Sebastião começou logo depois de seu martírio. Já em 376, uma basílica em sua honra foi construída em Roma. A devoção popularizou-se durante a Idade Média por todo o Ocidente e Oriente. São Sebastião era o santo mais invocado durante as pestes que assolavam a Europa nesse período. Essa associação veio provavelmente da antiga crença de que as epidemias eram o resultado de flechas disparadas por uma divindade.

Intercessões milagrosas atribuídas ao santo foram registradas em Roma, em 680, em Milão, no ano de 1575, e em Lisboa, em 1599. Lisboa, por sinal, guardava a relíquia de um braço do santo no convento de São Vicente e também tinha uma das setas do martírio, presenteada a el-rei dom Sebastião pelo papa Gregório XIII.

As representações mais antigas do santo são do século V e o mostram como um jovem barbado, com toga ou armadura. A partir de século XIII e durante o Renascimento, tornou-se popular a imagem que conhecemos hoje: um jovem nu e belo, amarrado a uma árvore ou a uma coluna, atravessado por flechas. Essa se tornou sua imagem clássica, no suplício a que sobreviveu.

São Sebastião, ícone pop-gay

No século XIX, muitos artistas homossexuais buscaram no santo uma identificação para sua condição marginal. Inspiraram-se em parte nas representações renascentistas, que o mostravam como um jovem andrógino, e em parte na lição de sua história: seu gesto em assumir uma identidade polêmica e desafiadora para o mundo, ainda que à custa de sacrifício e sofrimento.

O mais famoso desses artistas é Oscar Wilde, condenado a dois anos de prisão, em 1895, por "práticas contra a natureza". Durante o cárcere, o escritor converteu-se ao catolicismo e passou a adotar o pseudônimo de Sebastian. No século XX, Wilde foi seguido por outros artistas, como Yukio Mishima, que se fez fotografar crivado de flechas, Jean Cocteau, Garcia Lorca e Thomas Mann.

Em seu discurso de agradecimento ao Prêmio Nobel de Literatura, em 1929, Mann revelou que, apesar de protestante, tinha um santo favorito: "o jovem no sacrifício que, atravessado por flechas, sorri em sua agonia". Para ele, são Sebastião simbolizava um tipo especial de "heroísmo": "a Graça em meio ao sofrimento".

Mais recentemente, a aids reforçou os laços entre a comunidade gay e o santo, considerado, desde a época medieval, protetor contra as doenças contagiosas e as epidemias. Na década de 1980, o cineasta inglês Derek Jarman fez um filme sobre ele, e grupos de música como o R.E.M. incluíram-no em seus videoclipes.

Festa

São Sebastião é festejado no dia 20 de janeiro em várias cidades brasileiras. É o padroeiro da cidade de São Sebastião do Rio de Janeiro, onde tem uma das devoções mais antigas e tradicionais. Uma lenda afirma que foi ele o responsável pela vitória dos portugueses na batalha final pela conquista da Guanabara, ocorrida em 20 de janeiro de 1567, quando foi visto lutando ao lado de lusos, mamelucos e tamoios contra os inimigos franceses.

No dia da festa, feriado municipal, uma procissão sai da catedral e vai até a estátua do padroeiro, na praça Luís de Camões. Ali se realiza o *Auto de São Sebastião*, em que artistas e figurantes representam passagens da vida do santo.

SÃO SEBASTIÃO DO RIO DE JANEIRO RIO DE JANEIRO SÃO SEBASTIÃO ALAGOAS SÃO SEBASTIÃO SÃO PAULO SÃO SEBASTIÃO DA BOA VISTA PARÁ SÃO SEBASTIÃO DA GRAMA SÃO PAULO SÃO SEBASTIÃO DAS ÁGUAS CLARAS MINAS GERAIS SÃO SEBASTIÃO DE CAMPOS RIO DE JANEIRO SÃO SEBASTIÃO DO CAÍ RIO GRANDE DO SUL SÃO SEBASTIÃO DO MARANHÃO MINAS GERAIS SÃO SEBASTIÃO DO PARAÍSO MINAS GERAIS SÃO SEBASTIÃO DO PASSÉ BAHIA SÃO SEBASTIÃO DO RIO DE JANEIRO RIO DE JANEIRO SÃO SEBASTIÃO ALAGOAS SÃO SEBASTIÃO SÃO PAULO SÃO SEBASTIÃO DA BOA VISTA PARÁ SÃO SEBASTIÃO DA GRAMA SÃO PAULO SÃO SEBASTIÃO DAS ÁGUAS CLARAS MINAS GERAIS SÃO SEBASTIÃO

Oração

Ó, GLORIOSO SÃO SEBASTIÃO,
COM A FORMOSURA CORPORAL
ATRAÍSTES A VÓS OS OLHOS DE MUITOS,
MAS COM AS VIRTUDES DA ALMA
ROUBASTES OS CORAÇÕES DE TODOS.
Ó, SANTO GUERREIRO
QUE ENFRENTOU O TORMENTO DAS FLECHAS,
DAI-NOS A GRAÇA
DA ALEGRIA
E DA SERENIDADE
EM MEIO AOS ENGANOS DA VIDA.
POR CRISTO, NOSSO SENHOR,
AMÉM.

Sincretismo

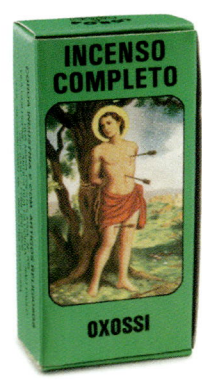

Oxóssi

No candomblé carioca, a imagem de um guerreiro amarrado numa árvore, no mato, varado de flechas, foi associada ao orixá Oxóssi, cultuado originalmente na África como uma divindade da caça. Oxóssi tem como símbolo um arco-e-flecha forjado em ferro, e seus iniciados usam colares de contas azul-esverdeadas. Seu dia é a quinta-feira. Na Bahia, Oxóssi é associado a são Jorge.

Poemas

São Sebastião
Orides Fontela

*As setas
— cruas — no corpo*

*as setas
no fresco sangue*

*as setas
na nudez jovem*

*as setas
— firmes — confirmando
a carne.*

São Sebastião

Rainer Maria Rilke

Tradução de Augusto de Campos

Como alguém que jazesse, está de pé,
sustentado por sua grande fé.
Como mãe que amamenta, a tudo alheia,
grinalda que a si mesma se cerceia.

E as setas chegam: de espaço em espaço,
como se de seu corpo desferidas,
tremendo em suas pontas soltas de aço.
Mas ele ri, incólume, às feridas.

Num só passo a tristeza sobrevém
e em seus olhos desnudos se detém,
até que a neguem, como bagatela,
e como se poupassem com desdém
os destrutores de uma coisa bela.

Glossário

Ex-votos

A palavra ex-voto *vem de uma expressão latina,* ex voto susceptu, *que quer dizer "por uma graça alcançada". Um ex-voto pode ser qualquer objeto oferecido a um santo para pagamento de uma promessa ou em agradecimento a um pedido atendido.*

Mártir

*É uma palavra que vem do grego e quer dizer "*testemunha*". O Novo Testamento usou-a no sentido de* testemunha de Deus, *e a palavra passou a designar toda pessoa perseguida e condenada à morte pela recusa em renunciar à fé cristã. Além de são Sebastião, muitos dos santos populares no Brasil foram mártires, como são Jorge, santa Luzia, santa Bárbara ou os santos Cosme e Damião.*

Martirológios

Listas com os nomes de mártires que eram trocadas entre as várias comunidades cristãs da Europa, da África e do Oriente Médio. O primeiro martirológio conhecido é de 411. Na Idade Média, eles foram intensamente copiados e divulgados. O interesse fez surgir um novo gênero literário, a hagiografia, *histórias e lendas sobre a vida dos santos que se tornaram muito populares em todo o mundo cristão.*

Relíquias

As relíquias são os restos mortais de um santo ou os objetos que lhe pertenceram ou tiveram contato com seu corpo. São consideradas sagradas. Servem como instrumentos para a obtenção de graças e trazem mais confiança quando se pede a intercessão do santo.

Créditos

Poemas

Página 37: "São Sebastião". © Orides Fontela. In: *Trevo: Reunião de poesia*. São Paulo, Duas Cidades, 1988. Coleção Claro Enigma.

Página 38: "São Sebastião", de Rainer Maria Rilke. © Tradução Augusto de Campos. In: *Coisas e anjos de Rilke*. São Paulo, Perspectiva, 2001.

Imagens

Página 6: Sabonete de são Sebastião. Foto de Alex Silva/Souk.

Página 9: Capitular de são Sebastião. © Alex Cerveny.

Página 10: "São Sebastião". Óleo sobre tela, 2003. © Alex Cerveny. Foto de Eduardo Borges/Souk.

Página 13: "São Sebastião na coluna", de Pietro Perugino e Ateliê (chamado Pietro Vanucci). Óleo sobre tela, 118 x 115 cm, c.1510. © Museu de Arte de São Paulo Assis Chateaubriand. Foto de Luiz Hossaka.

Página 14: Quadro popular de são Sebastião. Foto de Alex Silva/Souk.

Página 15: Imagem de são Sebastião. Foto de Alex Silva/Souk.

Páginas 18 e 19: "São Sebastião cuidado por santa Irene". Atribuído a Georges de La Tour, c. 1639. © Corbis/Stock Photos.

Página 23: "São Sebastião", de Gentile Francesco da Fabriano. Século XIV. © Corbis/Stock Photos.

Página 24: "São Sebastião", de Sodoma, 1525. © Corbis/Stock Photos.

Página 27: Mastro de são Sebastião. Caravelas-BA. © Roberto Linsker/Terra Virgem.

Páginas 28 e 29: Cavalhada de são Sebastião. Fazenda Raiz, Alagoas. © Izan Petterle.

Página 31: Festa de são Sebastião. São Sebastião-SP. © José Bassit.

Página 32: Relicário de Inés Zaragoza. Foto de Eduardo Borges/Souk.

Páginas 34 e 35: Interior de casa, Vila Progresso do Bailique-AP. © Roberto Linsker/Terra Virgem.

Página 36: Caixinha de incenso são Sebastião-Oxóssi. Foto de Alex Silva/Souk.

Página 37: São Sebastião esculpido em palito de fósforo. Artesanato popular. Foto de Alex Silva/Souk.

Página 46: Altar doméstico. © Roberto Linsker/Terra Virgem.

Para saber mais

Livros

CÂMARA CASCUDO, Luís da. *Dicionário do folclore brasileiro*. Rio de Janeiro, Instituto Nacional do Livro, 1962.

CAMPOS, Padre. *São Sebastião: novena biográfica*. São Paulo, Paulinas, 2001.

DAIX, Georges. *Dicionário dos santos do calendário romano e dos beatos portugueses*. Lisboa, Terramar, 2000.

FREYRE, Gilberto. "Santos e homens". In: *Pessoas, coisas & animais*. Edição especial. São Paulo, MPM Casabranca Propaganda, 1979.

QUEIRÓS, Eça de. *Vidas de santos*. Rio de Janeiro, Casa da Palavra, 2002.

ROSÁRIO, Padre Diogo do. *Flos sanctorum ou história das vidas de Christo e Sua Santíssima Mãe e dos santos e suas festas*. Lisboa, Typographia Universal, 1869.

SGARBOSSA, Mario e Giovannini, Luigi. *Um santo para cada dia*. São Paulo, Paulus, 1996.

VARAZZE, Jacopo de. *Legenda áurea: vidas de santos*. São Paulo, Companhia das Letras, 2003.

VERGER, Pierre Fatumbi. *Orixás*. São Paulo, Corrupio/Círculo do Livro, 1981.

Site

http://bode.diee.unica.it/~giua/SEBASTIAN/ — Iconography of Saint Sebastian — Imagens de são Sebastião do século XIII até os dias de hoje.

Agradecimentos

Agradecemos a todos os amigos, profissionais, empresas e instituições que colaboraram com este livro, entre eles:

Alex Cerveny

Augusto de Campos

Augusto Massi

Editora Perspectiva

Inés Zaragoza

Izan Petterle

José Bassit

Museu de Arte de São Paulo Assis Chateaubriand – MASP

Roberto Linsker

Sidney Haddad

Santa Luzia

SANTOS POPULARES DO BRASIL

O povo brasileiro trata seus santos com enorme familiaridade, observou uma vez o antropólogo Gilberto Freyre: "Liga-os aos seus doces, aos seus namoros, às suas comidas, aos seus bois, aos seus porcos, às suas lavouras, às suas festas mais alegres". Os santos populares no Brasil formam um panteão ao mesmo tempo lírico, doméstico e festivo. Conhecê-los é comungar com a alma do nosso país.

Títulos já publicados

Santo Expedito
Nossa Senhora Aparecida
Santa Luzia
Santos Reis
São Sebastião

Próximos lançamentos

São Jorge
Santa Edwiges
Santo Antônio

Este livro foi composto em Bembo por Pimenta Design e impresso pela R.R. Donnelley América Latina sobre papel couchê 115g/m² da Cia. Suzano de Papel e Celulose. Editora Planeta do Brasil, novembro de 2003.